苍南县博物馆馆藏精萃

章鹏华 编著

文物出版社

图书在版编目（CIP）数据

苍南县博物馆馆藏精萃 / 章鹏华编著. —— 北京：
文物出版社，2023.12
ISBN 978-7-5010-8173-8

Ⅰ.①苍… Ⅱ.①章… Ⅲ.①博物馆—历史文物—苍
南县—图录 Ⅳ.①K872.554.2

中国国家版本馆CIP数据核字(2023)第167764号

苍 南 县 博 物 馆 馆 藏 精 萃

编　　著：章鹏华

封面题签：谢　云
封面设计：秦　彧
责任编辑：秦　彧
责任印制：张道奇

出版发行：文物出版社
社　　址：北京市东城区东直门内北小街2号楼
邮　　编：100007
网　　址：http://www.wenwu.com
经　　销：新华书店
印　　刷：北京荣宝艺品印刷有限公司
开　　本：889mm×1194mm　1/16
印　　张：7.5
版　　次：2023年12月第1版
印　　次：2023年12月第1次印刷
书　　号：ISBN 978-7-5010-8173-8
定　　价：180.00元

编委会

目　录

书画

苍南县博物馆简介

　　苍南县博物馆，前身为苍南县文化馆文物组，1989 年 12 月从苍南县文化馆析出成立苍南县文物馆，2008 年 12 月更名为苍南县博物馆，增挂苍南县文物保护管理所牌子。苍南县博物馆有藏品 1850 余件，其中国家一级文物 9 件，二级文物 28 件，三级文物 92 件。苍南县博物馆馆藏文物以瓯窑陶瓷器，特别是晚唐至宋代青瓷器、近代书画作品最具特色。

　　"瓯窑"，创烧于东汉，经两晋、南朝发展，至晚唐五代北宋进入兴盛时期，止于元代，历史长达一千多年，产品较具地区特色，自成脉络，名为"东瓯窑"。苍南地处鳌江流域，水源溪流丰富，生产陶瓷历史相当久远，是浙南瓷业五大遗存区之一，也是东瓯瓷器外销的主要地区，遗留下盛陶、凤阳、大小心垟等十余处时间连续、分布集中的窑址群。

　　矾山乌岩山曾出土商晚期、西周、春秋战国的原始黑瓷和原始青瓷，与浙江江山肩头弄第二单元商晚期土墩墓出土的圆腹罐一致，碗内所刻符号与江西吴越二期（商晚期）的符号相似。藻溪汉晋墓出土的瓷器，瓷胎坚硬细腻，呈白中泛灰色，釉以淡青色为主，也有部分青中泛黄色，常见器物有壶、瓶、罐、碗等。宋代是苍南瓷业发展的高峰期，大心垟、小心垟窑出土有近似"珠光青瓷"碗、盘标本，同日本镰仓、太宰府、福冈湾、福山等地出土"珠光青瓷"产品基本一致。后随着龙泉窑、景德镇窑相继兴起，苍南窑业随着瓯窑逐渐销声匿迹。

　　近现代书画作品，主要分为两个阶段，一个以清末金德宽、章开、吴第等作品为主，多写山水，画风自然，称妙江南；第二阶段以现代谢云、萧耘春、林剑丹、华纫秋、尤友中等作品居多，谢云、萧耘春、林剑丹工书，华纫秋、尤友中为画，颇具地方特色。

　　苍南县博物馆新馆舍 2011 年 12 月开工建设，2015 年 1 月 26 日正式对外开放。建筑面积 11500 平方米，地上四层为陈列厅、库房和办公区等，地下一层为停车场。陈列面积 4017 平方米，内设三个展厅，其中一楼为临时展厅，二、三楼为基本陈列厅，四楼为非遗展厅。

　　基本陈列厅以苍南历史文物为主要展出内容，配合爱国主义教育，从自然、遗存、文化、抗争及经济等五个部分讲述苍南县从瓯越古邑到今日苍南的千年发展历程；非遗展厅全面展示苍南风土人情、民俗、巧技。

　　苍南县博物馆与县文物保护管理所合署办公，同时承担野外不可移动文物保护、管理、研究等职能，管理着全国重点文物保护单位 5 处、省级文物保护单位 13 处、县级文物保护单位 70 处、县级文物保护点 183 处。

　　建馆以来，苍南县博物馆收藏的南宋象钮玉印、南宋青铜钫等藏品多次参加中国国家博物馆、浙江省博物馆举办的宋韵文物展览活动。特别是南宋象钮玉印，2023 年 5 月入选浙江省文物局、浙江省博物馆学会组织开展的首届全省博物馆"百大镇馆之宝"。

　　为了展示苍南县博物馆的文物精品，我们从馆藏品中精心挑选了珍贵文物 129 件，出版这本精品图录。

苍南县博物馆馆长　章鹏华

2023 年 11 月 1 日

1. 青黄釉双耳印纹原始瓷罐

西周

口径 17.8、底径 16.8、高 22.5 厘米

敞口，短束颈，肩部置对称双耳，弧腹，下腹斜收，平底。外腹饰对称弧形纹。仅外腹施青黄釉。

2. 青黄釉米筛纹原始瓷罐

西周

口径 14.5、底径 17、高 18 厘米

敞口，短束颈，鼓肩，斜直腹，平底。外腹满饰米筛纹。仅外腹施青黄釉。

3. 黄釉兽耳衔环原始瓷三足炉

西周

口径 26.5、高 12.4 厘米

宽沿，弧腹，腹部贴塑四个兽耳衔环，底置三兽足。沿和外腹刻划"S"形纹饰。施黄釉。

4. 青釉拍印几何纹绳耳原始瓷缸

西周

口径 24.8、底径 20.8、高 27.5 厘米

敞口，平肩，肩部两侧对称贴绳耳，弧腹，下腹斜收，平底。外腹饰对称弧形纹。仅外腹施青釉。

5. 印细网格纹硬陶罐

西周

口径 19.8、底径 17.6、高 37.6 厘米

敞口，短束颈，弧腹，下腹斜收，平底。颈部饰弦纹，外腹饰席纹与菱形填线纹组合装饰。

6. 印细方格纹三耳硬陶罐

西周

口径 20.3、底径 8.5、高 22.1 厘米

敞口，短束颈，扁鼓腹，圜底。外腹饰麻布纹，肩部置三个"S"形堆贴等距分布。

7. 几何印纹绞索耳硬陶罐

西周

口径 13.5、底径 12、高 16 厘米

敞口，短颈，鼓肩，肩部两侧各置一绞索耳，弧腹，下腹斜收，平底。颈部饰弦纹，外腹饰水波纹与菱形填线纹组合纹饰。

8. 席纹硬陶罐

西周

口径 15.5、底径 16.5、高 24.1 厘米

敞口，短束颈，圆肩，弧腹，平底。外腹饰席纹。

9. 几何印纹硬陶罍

西周

口径 15.4、底径 15.2、高 30.8 厘米

敞口，短束颈，圆肩，弧腹，平底。外腹饰叶脉纹与回字纹交错组合纹饰。

10. 几何印纹三扉棱硬陶簋

东周

口径 20、底径 18.8、高 14.7 厘米

敞口，短束颈，扁鼓腹，腹部饰三道扉棱等距分布，圈足外撇。颈部饰弦纹，外腹饰折线纹与回字纹组合纹饰。

11. 菱格斜线印纹硬陶瓮

东周

口径 11、底径 9.8、高 19 厘米

敞口，短束颈，弧腹，下腹斜收，平底。颈部饰弦纹，外腹饰席纹与菱形填线纹组合装饰。

12. 布纹双提把原始瓷甑

战国

口径 11.5、底径 6、高 8 厘米

敛口，弧腹，外腹置对称双耳，平底，底部镂七个孔。外腹饰麻布纹。

13. 原始瓷兽形洗

战国

纵 14.5、横 12.1、高 9 厘米

敞口，弧腹，平底微凸，底附三兽蹄形足。外腹
捏塑一兽首，另一侧对应口沿处置一方形系作兽
尾，造型别致，形象生动。

14. 活环系带把布纹硬陶罐

战国

口径 8、底径 10.2、高 10.8 厘米

敛口，扁鼓腹，一侧置活环系，单鋬，平底。外腹饰麻布纹。

15. 青黄釉瓜棱形原始瓷镇

战国

腹围 24.18、底径 6.5、高 6.3 厘米

整体呈瓜棱形，顶置钮，内底中空。施青黄釉。

16. 青黄釉瓜棱形原始瓷镇

战国

腹围 21.04、底径 6、高 5 厘米

整体呈瓜棱形，钮缺失，内底中空。施青黄釉。

17. 青黄釉双铺首原始瓷瓿

汉代

口径 8.5、底径 16、高 28.2 厘米

直口，方唇，溜肩，肩部两侧各置一兽耳衔环，鼓腹，下腹斜收，平底。肩部饰三道凸弦纹。施青黄釉不及底。

18. 青黄釉铺首耳原始瓷瓿

汉代

口径 11.3、底径 14、高 24.2 厘米

直口，方唇，溜肩，肩部置对称双耳，鼓腹，下腹斜收，平底。肩部和腹部皆饰弦纹。施青黄釉，外腹施釉不及底，有流釉现象。

19. 青黄釉双耳盘口原始瓷壶

汉代

口径 15、底径 15、高 35 厘米

盘口，喇叭形颈，溜肩，肩部置对称双耳，鼓腹，下腹斜收，平底。颈部、肩部和腹部皆饰弦纹，耳面饰叶脉纹。施青黄釉，底部无釉。

20. 青釉喇叭口原始瓷壶

汉代

口径 10.5、底径 9.3、高 21.5 厘米

喇叭口，长颈，溜肩，肩部置对称双耳，鼓腹，下腹斜收，平底。颈部饰一道水波纹装饰带，肩部饰弦纹，耳面饰叶脉纹。施青釉，外腹施釉不及底，有流釉现象。

21. 青黄釉双耳弦纹原始瓷壶

汉代

口径 12、底径 11.5、高 28 厘米

盘口，喇叭形颈，溜肩，肩部置对称双耳，鼓腹，下腹斜收，平底。颈部饰一道水波纹装饰带，肩部和腹部皆饰弦纹，耳面饰叶脉纹。施青黄釉，底部无釉。

22. 青绿釉双耳喇叭口原始瓷壶

汉代

口径 14.5、底径 13.5、高 40 厘米

喇叭口，长颈，溜肩，肩部置对称双耳，鼓腹，下腹斜收，隐圈足。颈部饰两道水波纹装饰带，肩部饰两道一身多首鸟纹装饰带，肩部和腹部皆饰弦纹，耳面饰叶脉纹。施青釉，底足无釉。

23. 青黄釉双耳喇叭口原始瓷壶

汉代

口径 14.5、底径 13.5、高 40 厘米

喇叭口，长颈，溜肩，肩部置对称双耳，鼓腹，下腹斜收，隐圈足。颈部饰两道水波纹装饰带，肩部饰两道一身多首鸟纹装饰带，肩部和腹部皆饰弦纹，耳面饰叶脉纹。施青黄釉，底足无釉。

24. 青釉三铺首三足洗

三国

口径 18、底径 10.3、高 9.2 厘米

敛口，扁鼓腹，平底，底附三兽蹄形足。外腹饰组合纹饰带，中间压印方格纹，上下戳印联珠纹，腹部等距贴塑三铺首衔环，内心饰连弧纹和弦纹。通体施青釉。

25. 青釉双耳鸡首壶

西晋

口径 5.5、底径 4.3、高 8.5 厘米

盘口，短颈，溜肩，肩底足部贴塑鸡首、双耳和鸡尾，鼓腹，下腹斜收，平底。肩部饰弦纹和方格纹装饰带。施青釉不及底。

26. 青釉联珠纹盂

西晋

口径 7.1、底径 6.4、高 4.5 厘米

敛口，圆弧腹，圈足外撇。肩部饰一道联珠纹装饰带，上下各饰三道弦纹。施青釉不及底，釉面开片，部分剥落。

27. 青釉双系罐

东晋

口径 13.5、底径 9 3、高 16.2 厘米

直口，方唇，鼓肩，肩部置对称双耳，弧腹，下腹斜收，平底。肩部饰弦纹和方格纹装饰带，耳面饰叶脉纹。施青釉不及底。

南朝
腹斜收，平底。肩部饰弦纹和覆莲瓣纹。施青釉。

28. 青釉莲瓣纹四复系盘口壶

南朝

口径 13.2、底径 11.3、高 28.5 厘米

盘口，喇叭颈，溜肩，肩部置四组复系，鼓腹，下腹斜收，平底。肩部饰弦纹和覆莲瓣纹。施青釉。

29. 青釉点彩双系盘口壶

南朝

口径 4.8、底径 5、高 8.9 厘米

盘口，长颈，溜肩，肩部置对称双系，鼓腹，下腹斜收，平底。肩部饰弦纹。施青釉不及底，口沿和肩部饰褐色点彩。

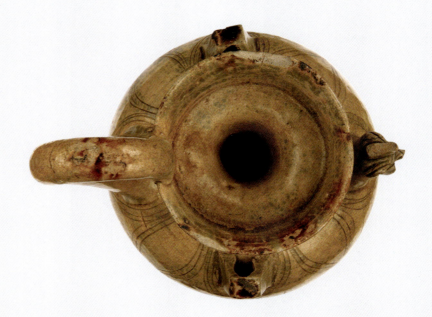

30. 青釉莲瓣纹盘口鸡首壶

南朝

口径 7.3、底径 10.2、高 24.3 厘米

盘口，长颈，鼓肩，弧腹，下腹斜收，平底。肩部贴塑鸡首作装饰，相对一侧置曲柄高于口沿，两侧置对称桥形系。肩部饰覆莲瓣纹。施青釉，底部无釉，口沿和两系饰褐色点彩。

31. 青釉龙首把鸡首壶

南朝

口径 7、底径 8.8、高 18.2 厘米

盘口，长颈，鼓肩，弧腹，下腹斜收，平底。肩部贴塑鸡首作装饰，相对一侧置龙首曲柄高于口沿，两侧置对称桥形系。肩部饰一道水波纹和弦纹装饰带。施青釉。

32. 青釉四系盘口壶

南朝

口径 11、底径 14.5、高 21.8 厘米

盘口，短束颈，溜肩，肩部置对称四个桥形系，鼓腹，下腹斜收，平底。肩部饰弦纹。施青釉不及底。

33. 青釉点彩水波纹四复系罐

南朝

口径 9.6、底径 8.4、高 10.6 厘米

直口，鼓肩，肩部置四组复系，弧腹，饼足。肩部饰一道弦纹和水波纹装饰带。施青釉不及底，口沿和复系饰褐色点彩。

34. 青釉虎子

南朝

底径 12.2、高 26.2 厘米

敞口，短流，弓形提梁，圆鼓腹，下腹斜收，平底。流和肩部饰弦纹。施青釉，釉面部分剥落。

35. 青釉玉璧底碗

唐代

口径 14.9、底径 5.6、高 4.8 厘米

敞口，圆唇，斜直腹，玉璧底。素面。通体施青釉，足端残留泥点垫烧痕迹。

36. 青釉双鱼纹碗

唐代

口径 12.3、底径 6.2、高 3.8 厘米

敞口，圆唇，斜曲腹，圈足。外腹素面，
内心刻划双鱼纹。施青釉，足端无釉。

37. 青釉荷叶纹碗

唐代

口径 12.3、底径 6、高 3.8 厘米

敞口，圆唇，斜曲腹，圈足。外腹素面，内心刻划荷叶
纹。施青釉，足端无釉，内心和足端残留泥点垫烧痕迹。

38. 青釉褐绿彩蕨草纹执壶

五代

口径 5.4、底径 7.5、高 21.4 厘米

喇叭口，圆唇，长颈，溜肩，肩部置对
称长曲流和曲柄，弧腹，下腹斜收，圈
足外撇。施青釉，饰褐绿彩。

39. 青釉带盖盘口壶

五代

口径 8.3、底径 7、高 20.4 厘米

子母口，长颈，鼓肩，斜直腹，平底。
器盖伞形，直口，平顶。颈部饰弦纹。
施青釉，壶底和盖底无釉。

40.青釉带盖小盘口壶

五代

口径 5.5、底径 4、通高 12.8 厘米

盘口，长颈，溜肩，肩部置对称双系，鼓腹，下腹斜收，平底。壶盖为子母口，盖面隆起，置宝珠形钮。施青釉，壶底和盖底无釉，且残留泥点垫烧痕迹。

41.青釉罐

五代

口径 6、底径 4.3、高 8.2 厘米

敞口，短颈，鼓肩，弧腹，下腹斜收，平底。施青釉不及底。

42. 青釉谷仓罐

五代

口径 7.2、底径 7.1、通高 18.3 厘米

2 件。喇叭口，折肩，肩部贴塑四耳，直腹，下腹斜收，平底。罐盖为子母口，盖面捏塑四角攒尖顶。施青釉，罐底和盖底无釉。

43. 青釉带盖谷仓罐

五代

口径 7、底径 7.3、通高 15 厘米

直口，折肩，直腹，腹部贴塑四耳，下腹斜收，平底。罐盖为子母口，盖面捏塑庑殿式屋顶。施青釉，罐底和盖底无釉。

44. 青釉带盖谷仓罐

五代

口径 7.5、底径 7.5、高 21 厘米

直口，方唇，罐身为上小下大弧形台阶五重塔形，每级装饰五个斜直的圆锥角。罐盖为子母口，盖面捏塑五角攒尖顶。施青釉，罐底和盖底无釉。

45. 青釉花口碗

五代

口径 12.4、底径 3.9、高 4.2 厘米

敞口，口沿呈花瓣形，饼足微内凹。内心饰弦
纹。施青釉，底部无釉，且残留泥点垫烧痕迹。

46. 青釉小碗

五代

A6、A7、A9（上排）：高 2.5、口径 5.3、底径 2.5 厘米

A10、A12、A15（下排）：高 1.6、口径 4.3、底径 2 厘米

6 件。敞口，圆唇，口沿为五瓣花口，斜曲腹，饼足。
施青釉不及底。

47. 青釉条纹钵

五代

口径 10.2、底径 4、高 4.5 厘米

敛口，圆唇，深弧腹，平底。外腹饰条纹。通体施青釉，底部残留泥点垫烧痕迹。

48. 青釉小钵

五代

口径 3.1、底径 2、高 1.8 厘米

敛口，扁鼓腹，下腹斜收。施青釉。

49. 青釉小碟

五代

A14（左）：口径 4.4、底径 2.3、高 1.2 厘米
A20（右）：口径 4、底径 4、高 1.1 厘米

2 件。一件敞口，圆唇，斜曲腹，饼足。内心饰弦纹。施青釉，底部无釉。一件敞口，圆唇，口沿为五瓣花口，斜曲腹，饼足。内心饰弦纹。施青釉，底部无釉。

50. 青釉宝珠钮盖圆盒

五代

口径 4.8、底径 3.1、通高 3.8 厘米

子母口，圆唇，斜由腹，圈足。器盖为直口，盖面隆起，置宝珠形钮。通体施青釉。

51. 青釉粉盒

五代

口径 6.6、底径 4.2、通高 6.6 厘米

子母口，圆唇，斜曲腹，饼足微内凹。器盖为直口，盖面隆起，小平顶。通体施青釉，口沿和底部残留泥点垫烧痕迹。

52. 青釉瓜棱水盂

五代

口径 2、底径 2.5、高 5 厘米

直口，溜肩，流残，曲柄，鼓腹，饼足。腹呈瓜棱状，肩部饰一道弦纹。施青釉，底足无釉。

53. 青釉水盂

五代

口径 3.5、底径 4.6、高 6.5 厘米

敛口，圆腹，圈足外撇。口沿和腹部饰弦纹。施青釉。

54. 青釉四蹄足水盂

五代

口径 3.4、底径 5.3、高 3.8 厘米

直口，鼓腹，平底。腹部至底贴
塑四兽足。通体施青釉。

55. 青釉小器盖

五代

口径 3.1、高 3.3 厘米

2 件。直口，盖面隆起，一侧有两个圆形镂孔，顶置锥形钮。

56. 酱釉盘口小罐

五代

口径 2.7、底径 2、高 4.5 厘米

盘口，短颈，鼓肩，弧腹，下腹斜收，平底。施酱釉，底部无釉。

57. 黑釉小罐

五代

口径 3.7、底径 2.1、高 4.8 厘米

3 件，尺寸相同。敞口，短束颈，溜
肩，斜直腹，平底。施黑釉不及底。

58. 陶砻磨

五代

通宽 4.6、通高 5、推拉杆长 8 厘米

由上扇、下扇、支架和推拉杆组合而成。上扇呈柱状，圆形顶面内凹正中有孔洞，沿面贴塑对称圆形凹槽，底面以孔洞为中心刻划放射状线为磨齿；下扇呈圆柱状，束腰，正中凸起锥形脐，顶面以脐为中心刻划放射状线为磨齿；支架为"T"形架面，三足支撑；推拉杆呈"丁"字形，一端勾起呈直角。

59. 陶磨

五代

直径 4.2、高 0.5、杆长 10 厘米

仅剩下扇和推拉杆，下扇为圆形，正中凸起锥形脐，顶面以脐为中心刻划放射状线为磨齿；推拉杆一端勾起呈直角。

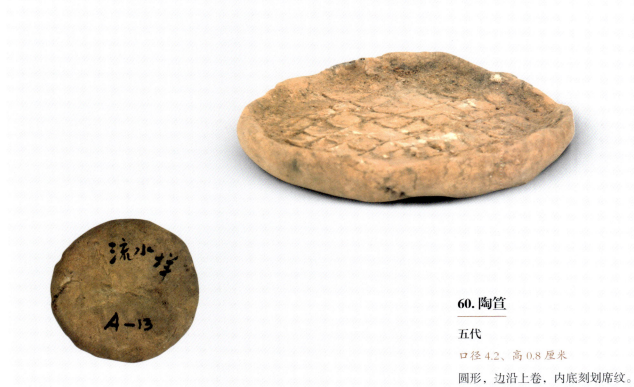

60. 陶筥

五代

口径 4.2、高 0.8 厘米

圆形，边沿上卷，内底刻划席纹。

61. 陶提桶

五代

口径 4、底径 2.9、高 4.5 厘米

直口，直腹，下腹斜收，平底，桶置提梁。

62. 陶臼

五代

口径 3.6、底径 2.7、高 2.5 厘米

敞口，斜直腹，平底外撇。

63. 陶臼

五代

口径 3.8、底径 2.7、高 2.3 厘米

方形口沿，斜直腹，平底。

64. 陶镳

五代

口径 4、高 0.8 厘米

敞口，口沿置对称耳，浅弧腹，圈底。

65. 陶瓢

五代

纵 3.8、横 2.7 厘米

椭圆形弧腹底。

66. 小陶甑

五代

口径 3、底径 2.1、高 2.2 厘米

直口，直腹，平底有镂孔。

67. 陶灯

五代

高 4.3 厘米

灯盘呈椭圆形，由柱形灯柱连接三角形灯座。

68. 陶砚

五代

纵 2.2、横 1.8、高 1.8 厘米

砚台呈椭圆形，台面内凹，下附四足。

69. 陶笔架

五代

高 3 厘米

山形笔架。

70. 青釉莲瓣纹鼓腹长颈瓶

北宋

口径 6.4、底径 7.2、高 19 厘米

敛口，喇叭颈，鼓肩，鼓腹，下腹斜收，圈足。
肩部饰两道弦纹和覆莲瓣纹。施青釉不及底。

71. 青釉莲瓣纹鼓腹长颈瓶

北宋

口径6.4、底径7.2、高19.5厘米

敛口，喇叭颈，鼓肩，鼓腹，下腹斜收，圈足。肩部饰两道弦纹和覆莲瓣纹。施青釉不及底。

72. 青釉莲瓣纹瓶

宋代

口径6.3、底径7.1、高19.5厘米

敛口，长颈，鼓肩，弧腹，下腹斜收，圈足。肩部饰弦纹，肩部和下腹部饰莲瓣纹。施青釉，底部无釉。

73. 景德镇窑青白釉贴塑十二生肖人物纹魂瓶

宋代

口径7、底径7.6、高35厘米

盘口，长颈，溜肩，斜直腹，圈足外撇。颈部上端堆塑盘
龙戏珠，下端贴塑十二生肖神，肩部塑成上翻荷叶状。通
体施青釉，釉面开片，底部残留垫烧痕迹。

74. 龙泉窑青釉蒜头瓶

宋代

口径 2.4、底径 4.6、高 12.1 厘米

瓶口呈蒜头形，长颈，溜肩，鼓腹，圈足。
施青釉，底部无釉。

75. 青白釉刻划花葵口碗

宋代

口径 15.5、底径 5、高 3 厘米

敞口略外侈，口沿呈六瓣葵花形，折腹，上腹斜
直，下腹斜收，圈足。内心刻划花卉纹，填以篦
划纹，内腹六出筋。施青白釉，底部无釉。

76. 青釉四系罐

宋代

口径 9.5、底径 8、高 17.6 厘米

直口微敞，折肩，肩部置对称四系，弧腹，下
腹斜收，圈足。口沿和肩部分别饰一道弦纹，
腹部以四系划分呈瓜棱状。施青釉，底部无釉。

77. 瓯窑青釉带盖双系罐

北宋

口径 7.8、底径 7、通高 18 厘米

直口，溜肩，肩部置对称双系，直腹微弧，下腹斜收，圈足。器盖为子母口，隆起，平顶置喇叭形钮。盖面、口沿和肩部饰弦纹。施青釉不及底，器盖内无釉，釉面开片。

78. 青釉烛台

宋代

口径 5.7、底径 9.5、通高 13.5 厘米

烛台为二层台，上层撇口，斜弧腹，内心有
插烛孔，下层撇口，折腹，中间以柱相连，
底座为铃形，内中空。施青釉，内底无釉。

79. 青釉婴戏纹王记铭粉盒

北宋

口径 11、底径 4.8、通高 3.8 厘米

子母口，浅弧腹，平底。器盖为直口，束腰，盖面微微隆起。盖面边缘饰两道弦纹，内刻划婴戏鱼纹，一童子呈直立飞升状，另一童子与鱼作戏玩耍，四周海水波浪翻滚，充满动感活力。通体施青釉。盖内和外底分别刻有"王记"二字铭文。

80. 青褐釉陶锅灶

南宋

口径 10.7、底径 5.8、通高 8.5 厘米

陶灶为束口，弧腹，腹部开拱形灶门，下腹斜
收，平底内凹。口置陶锅，撇口，折腹，平底。
陶锅内腹饰两道弦纹，陶灶上腹和下腹分别饰
凸一道和凹一道弦纹。施青褐釉。

81. 龙泉窑青釉鼓钉三足洗

明代

口径 21、底径 9.3、高 6.4 厘米

敛口，方唇，浅弧腹，底附三兽蹄形足，三足间凸饼形底。外口沿饰一周鼓钉。施青釉，内外底无釉，釉面开片。

82. 哥釉梅花纹荷叶形三足洗

明代

口径 18.6、底径 9.5、高 8.5 厘米

口沿呈上翻荷叶形，斜曲腹，底附三足。外腹饰梅花纹。通体施米黄色釉，釉面开片。

83. 康熙青花团寿云纹洗

清代

口径 17.4、底径 9.2、高 8 厘米

撇口，圆唇，束颈，扁鼓腹，圈足。外腹绘
青花团寿云纹和弦纹，外底心绘青花双圈。

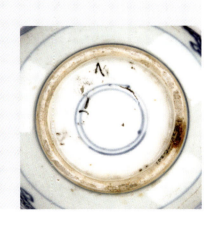

84. 咸丰青花菊花纹墓志铭盖盒

清代

纵 11.8、横 8、通高 5.3 厘米

盒呈长方形，直口，直腹，平底，底部四角各有一小足。盒盖为子母口，直口，盖面隆起。盒身四面和盒盖绘青花锦地开光，开光内饰菊花纹。口沿和底部无釉。盒盖内刻字"故考甯公省三别号治诚墓。男祥云孙广太、广生"。盒内底刻墓志铭"生于乾隆乙巳年（1785 年）六月二十，合寅时。终于咸丰甲寅年（1854 年）十二月十四日辰时。卜□（叙）乙卯年四月初九日，巳时开地，未时下殡葬，下坑艮山坤向，兼丑未三分，丁丑、丁未分金"。

85. 钻孔石矛

商

纵 28.5、横 7.8、高 2 厘米

矛首断裂，石矛呈尖宽叶形，中间起脊，两侧斜刃有磕损的小缺口，刃部锋利，有一钻孔。

86. 象钮玉印

南宋

纵 2.3、横 2.3、高 2.8 厘米

印为方形，置半卧状象形钮，造型生动。印面阴刻篆书"石"字。

87. 淳熙五年黄石石墓志

南宋

长 80、宽 63、厚 9 厘米

长方形，碑首削角，青灰色石料石质细腻，正面打磨光滑，阴刻
隶书碑文 14 行 302 字。内容概述黄石生平、宦历和家庭成员等。

88. 至正十一年选真寺记石碑

元代

长 160、宽 77、厚 10 厘米

碑首为半圆形，额篆书题"选真寺记"四字两行，碑文阴刻楷书 15 行 561 字。元至正十一年（1351 年）立，内容记载了当地彭氏族人彭仁翁（字如山）扩建选真寺的过程及其规模等情况。

89. 竹节形端砚

清代

纵 12.3、横 5.5 厘米

端砚呈半剖竹节形，把水池和墨池
分为两部分。砚外有长方形木匣。

90. 双耳三足铜炉

汉代

口径 19、腹围 83.2、高 21.5 厘米

敛口，双耳，扁鼓腹，腹部凸一圈台，圜底，底附三兽蹄形足。

91. 龙柄青铜鐎斗

六朝

口径 17.3、通高 22.5 厘米

敞口，直腹，腹部一侧置龙形柄，平底，底附三兽蹄形足。

92. 青铜立鹤龟座

宋代

纵 12.5、横 8、高 6.2 厘米

龟背鹤鸟足断缺，仅余昂首仰
望龟座，龟尾略残。

93. 立耳四足青铜方鼎

南宋

口径 11.8、高 12 厘米

撇口，平沿，口沿立对称耳，直颈，扁鼓腹，平底，底附四兽蹄形足。耳面饰云雷纹，颈部以三角形为骨式填云纹，上下排列构成装饰带，腹部以云雷纹为地纹、蟠螭纹做主纹。

94. 双耳三足铜鬲式炉

明代

口径 17、腹围 58.9、高 9.9 厘米

敞口，方唇，口沿置对称双耳，
短束颈，扁鼓腹，底附三足。

95. 义记金钱铜钱

清代

直径 3.8 厘米

外圆内方，正面为"义记金钱"四字，
背面左右为两个菱形相叠图案。

96. 毛景涛行书《温江毛氏重修族谱叙言》横幅

清代

纵 37、横 153 厘米

毛景涛书，纸本，行书。款署"嘉庆二十三年岁次戊寅孟冬既望，四十一世孙景涛谨撰"。钤"毛景涛"白文印、"雪峰"朱文印。

97. 李松士《岁寒三友图》横幅

清代

纵 36、横 139 厘米。

李松士绘，绫本。款署"丁酉长夏作于西宽山楼，灌亭李松士。"钤"灌亭"朱文印。在"文人画"中，松、竹、梅被称为"岁寒三友"，可傲凌风雪，不畏严寒，表现人品和气节。此画将陡峭岩石和粗壮松树作为视觉中心置于画面中央，墨竹和梅树交错自岩石和松桠后探出，相互呼应，展现出非常生动的长势。

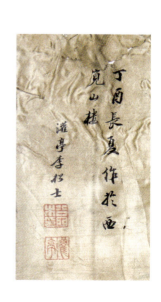

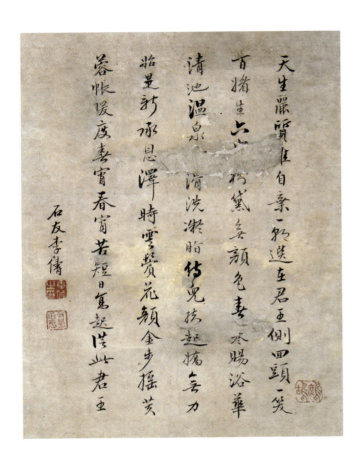

98. 李俦《杨贵妃出浴》图轴

清代

纵 114、横 27 厘米

李俦绘、纸本设色。题节选自白居易《长恨歌》："天生丽质难自弃，一朝选在君王侧……春宵苦短日高起，从此君王不早朝。"款署"石友李俦"。钤"李俦之印"白文印。此画为贵妃出浴时的场景，画中杨贵妃身披轻盈纱衣，手执团扇，头微倾，神情生动自然，身形优美，旁边有一仕女随侍。

99. 吴第设色《灵峰仙馆》图轴

清代

纵 78.7、横 24.7 厘米

吴第绘，纸本设色。题"灵峰仙馆。昔人论李成画，宗师造化，笔尽意在扫……老古无其人"。款署"雨雁山樵吴第"。钤"吴第"朱文印，"次山"白文印。此画远景绘峰峦叠嶂，云雾缭绕，中景为广阔无际的江水，零星帆船行于水面，近景绘陡峭山峰，一座座山馆坐落于山林之中，树木繁茂，环境清幽，小径逶迤曲折，有文人和书童拾级而上。

100. 林淳贤设色人物册页

清代

纵 28、横 28 厘米

林淳贤绘，纸本设色。钤"竹逸"朱文印、"淳贤林印"白文印。此册页共装裱十二幅人物场景画。

101. 孙诒泽行书五言联

清代

纵 85、横 20 厘米

孙诒泽书，纸本，行书。上联遇景因开画，下联思茶
自掬泉。款署"仲闿孙诒泽"。钤"孙仲闿"白文印。
对联用笔苍劲，字迹优美。

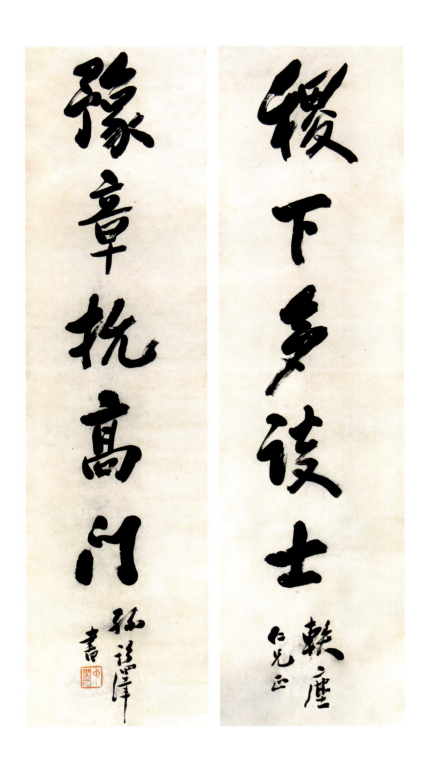

102. 孙诒泽行书五言联

清代

纵 148、横 38 厘米

孙诒泽书，纸本，行书。上联"稷下多谈士"，下联"豫章抗高门"。款署"轶尘仁兄正、仲闿孙诒泽"。钤"仲闿"朱文印。对联浓墨重笔，饱满自然，独具沉稳之意。

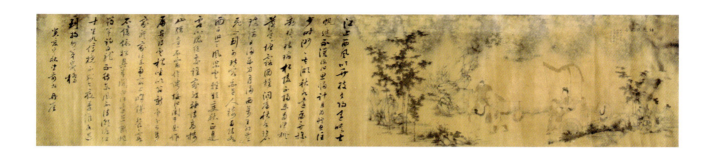

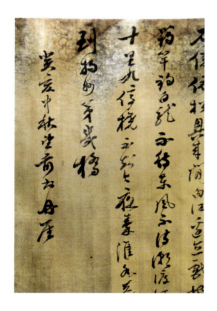

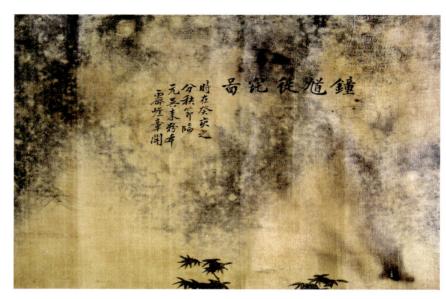

103. 章开《钟馗徙宅图》横幅

清代

纵 39、横 183 厘米

章开绘，绫本设色。题"钟馗徙宅图"。款署"时在癸亥之分秧节临元吴莱粉本。霁崖章开。"此画为钟馗徙宅于林间，钟馗骑马开道，旁有仆役挑担行囊，其家眷乘车随后，由仆役前拉后推，人物刻画细腻，画面生动。

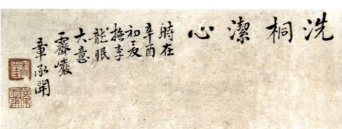

104. 章承开《洗桐洁心》图横幅

清代

纵 55、横 100 厘米

章承开绘，纸本设色。题"洗桐洁心"。款署"时在辛酉初夏抚李龙眠大意，霁崖章承开。"钤"霁崖"朱文印、"章承开"朱白文相间印。此画描绘了主人倚坐于凉棚内，查看仆人清洗梧桐树的场景。画中右侧一仆人从梧桐树上探身而出提着木桶，树下有仆人正往桶里倒水，岸边还有一仆人正在取水。画中主次人物分明，布局错落有致，场景生动。

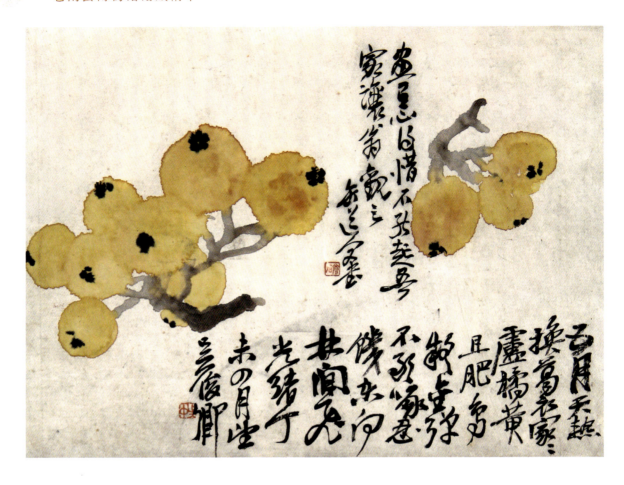

105. 吴昌硕枇杷斗方

清代

纵 25、横 32 厘米

吴昌硕绘,纸本设色。题"五月天热换葛衣,家家庐橘黄且肥。乌疑金弹不敢啄,忍饥空向林间飞"。款署"光绪丁未四月望,吴俊卿。"钤"仓石"朱文印。此画为写意枇杷,果实形体饱满,笔触不假修饰,笔力雄浑,设色浓丽。

106. 许苞行书中堂

民国

纵 146、横 80 厘米

许苞书，纸本，行书。文节选自龚自珍《能令公少年行》："痀瘘丈人石户农。嵚崎楚客，窈窕吴侬。敲门借书者钓翁，探碑学拓者溪僮。卖剑买琴，斗瓦输铜。银针玉薤芝泥封。秦汉密，齐梁工。"款署"辛酉冬醒庐许苞"。钤"许苞私印"白文印、"醒庐"朱文印。

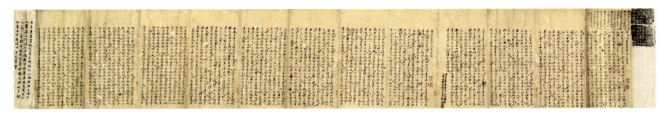

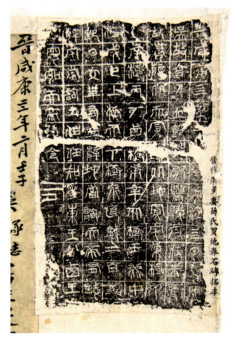

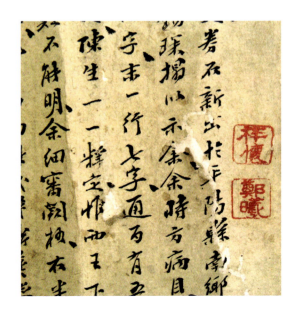

107. 刘绍宽行书手抄朱曼妻买地宅券后横幅

民国

纵 27、横 154 厘米

刘绍宽书，纸本，行书。内容为吴承志《书朱曼买地宅券后》和《再书朱曼买地宅券后》。钤"梓怀""郑曦"朱文印。

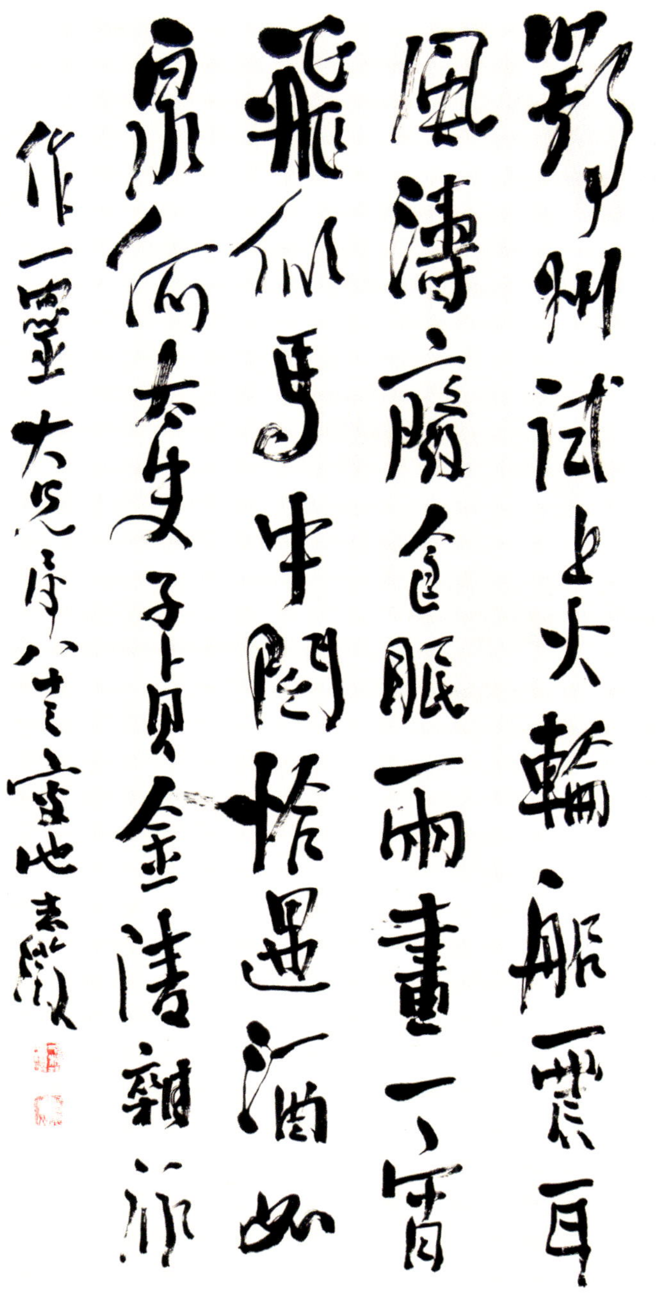

108. 池志澄草书何子贞金陵杂咏中堂

民国

纵 132、横 68 厘米

池志澄书，纸本，草书。文节选自何绍基《金陵杂述四十绝句》："鄂州试上火轮船，震耳风涛废食眠。两画一宵飞似马，中关恰遇酒如泉。……"款署"作灵大兄属，八十三叟池志澄"。

109.1933 年吴湖帆临古山水册页

民国

纵 15、横 18 厘米

吴湖帆绘，纸本设色。款署"时在癸酉中秋为博山贤侄临古十二页。吴海帆"。钤"吴"白文印。此册页共装裱十二幅山水画。其画风秀丽丰腴，清隽雅逸，青绿山水画设色一绝。

110. 南汀设色《梅溪幽居》山水轴

近代

纵 124、横 35.5 厘米

南汀绘,绢本设色。题"梅溪幽居"。款署"南汀"。钤"南汀"白文印。此画远景绘山峰高耸入云,山间瀑布直泻而下汇入溪水中,中景绘松下山馆,临溪而居,近景绘山石梅树,山间绽放梅花点点,野趣横生。

111. 黄宾虹花卉轴

现代

纵 67.5、横 34 厘米

黄宾虹绘，纸本设色。款署"宾虹为花写照"。钤"黄印宾虹"白文印。写意花卉。

鲲鹏展翅，九万里，翻动扶摇羊角。背负青天朝下看，都是人间城郭。炮火连天，弹痕遍地，吓倒蓬间雀。怎么得了，哎呀我要飞跃。借问君去何方，雀儿答道：有仙山琼阁。不见前年秋月朗，订了三家条约。还有吃的，土豆烧熟了，再加牛肉。不须放屁！试看天地翻覆。

毛主席词念奴娇鸟儿问答

七六叟介堪方岩

112.1976 年方介堪隶书毛主席词《念奴娇·鸟儿问答》轴

现代

纵 135、横 47 厘米

方介堪书，纸本，隶书。书毛主席《念奴娇·鸟儿问答》："鲲鹏展翅，九万里，翻动扶摇羊角。背负青天朝下看，都是人间城郭。炮火连天，弹痕遍地，吓倒蓬间雀。怎么得了，哎呀我要飞跃。借问君去何方，雀儿答道：有仙山琼阁。不见前年秋月朗，订了三家条约。还有吃的，土豆烧熟了，再加牛肉。不须放屁！试看天地翻覆。"款署"七六叟介堪方岩"。钤"方岩之印"白文印、"方氏介堪"朱文印。

113. 方介堪篆书毛主席词
《水调歌头·重上井冈山》轴

现代

纵 135、横 47 厘米

方介堪书，纸本，篆书。书毛主席《水调歌头·重上井冈山》："久有凌云志，重上井冈山。千里来寻故地，旧貌变新颜。到处莺歌燕舞，更有潺潺流水，高路入云端。过了黄洋界，险处不须看。风雷动，旌旗奋，是人寰。三十八年过去，弹指一挥间。可上九天揽月，可下五洋捉鳖，谈笑凯歌还。世上无难事，只要肯登攀。"款署"介堪方岩"。钤"方岩印信""介堪"白文印。

王维诗送秘书晁监还日本

丙辰春节介堪方岩

114.1976 年方介堪篆书王维诗

《送秘书晁监还日本》轴

现代

纵 135、横 47 厘米

方介堪书，纸本，篆书。书王维诗《送秘书晁监还日本国》："积水不可极，安知沧海东。九州何处远，万里若乘空。向国唯看日，归帆但信风。鳌身映天黑，鱼眼射波红。乡树扶桑外，主人孤岛中。别离方异域，音信若为通。"款署"丙辰春节介堪方岩"。钤"方岩之印"白文印、"蝉叟"朱文印。

115.1976 年方介堪金文毛主席词

《浪淘沙·北戴河》轴

现代

纵 135、横 47 厘米

方介堪书，纸本，篆书。书毛主席《浪淘沙·北戴河》："大雨落幽燕，白浪滔天，秦皇岛外打鱼船。一片汪洋都不见，知向谁边？往事越千年，魏武挥鞭，东临碣石有遗篇。萧瑟秋风今又是，换了人间。"款署"一九七六年三月，介堪方岩"。钤"方岩"白文印、"介堪"朱文印。

116.1989 年沙孟海行书镜片

现代

纵 97.8、横 34.3 厘米

沙孟海书，纸本镜片，行书。书"取语甚直，计思匪深。忽逢幽人，如见道人。晴碉之阳，碧松之阴。一客荷樵，一客听琴。"款署"己巳十二月为苍南文物馆写。沙孟海年九十"。钤"孟海"白文印。

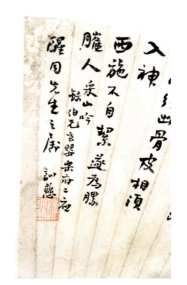

117. 陈训慈行书《伯元玄婴乐府》二首扇面

现代

纵 19、横 53 厘米

陈训慈书，纸本，行书。书伯元玄婴乐府二首。款署"录伯元玄
婴乐府二，应醒同先生之属，训慈"。钤"陈训慈"白文印。

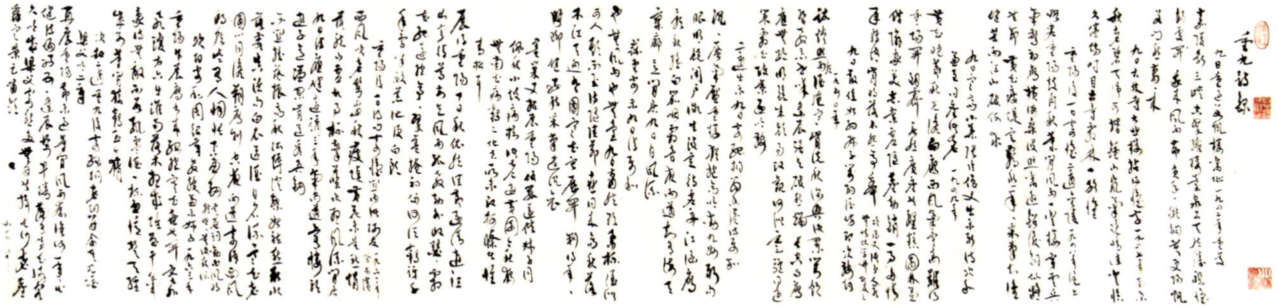

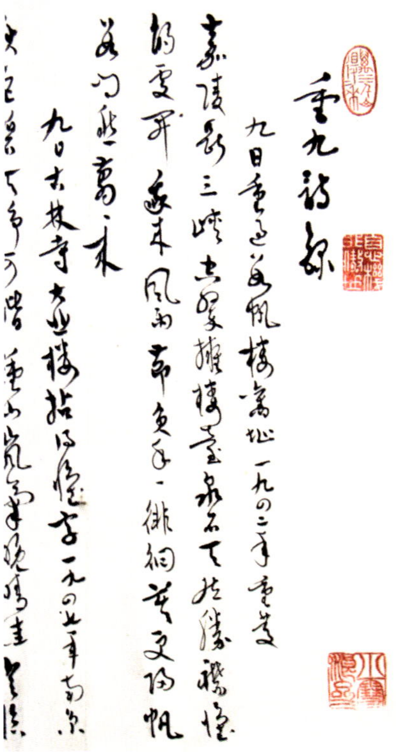

118. 苏渊雷行草《重九诗录》横幅

现代

纵 34、横 137 厘米

苏渊雷书，纸本，行草。书重九诗录。钤"万水千山得
得来""小雪浪斋"朱文印、"息机非傲世"白文印。

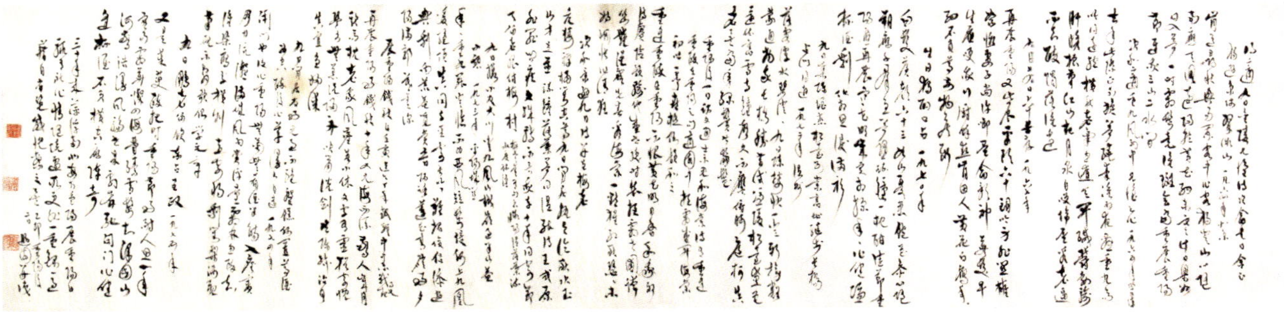

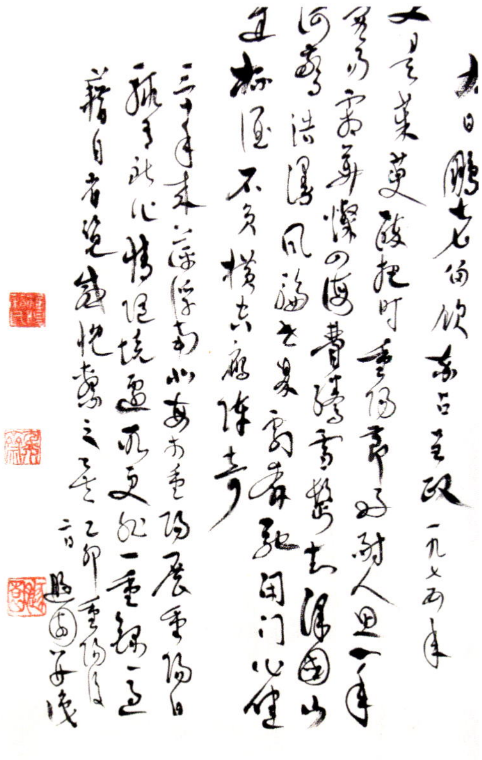

119.1975 年苏渊雷行草《重九诗录》横幅

现代

纵 34、横 136.5 厘米

苏渊雷书，纸本，行草。书重九诗录。钤"横阳苏氏"白文印、"钵水斋""遁圆"朱文印。

120.1977 年苏渊雷松树图轴

现代

纵 115、横 48 厘米

苏渊雷绘，纸本设色。款署"长松之下当有清风耳。丁巳初冬，钵翁"。钤"苏钵水"白文印、"钵翁七十以后作"朱文印。此画绘一古松，姿态挺拔，上端枝干下垂、松树几乎占据整个画面，其笔墨浑厚，笔法苍劲洒脱。

121. 苏渊雷行书十一言联

现代

纵 397.5、横 41.7 厘米

苏渊雷书，纸本，行书。上联"法性圆融莫以如来相求我"，下联"云山缭绕应无所住而生心"。款署"震旦白衣苏渊雷敬撰并书"。钤"苏渊雷印"白文印、"钵翁八十以后作"朱文印。

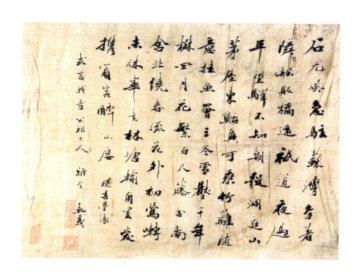

122. 钟绮设色山水横幅

清代

纵 39、横 185 厘米

钟绮绘，绫本设色。款署"式言仁兄乡大人属画，即请正之。弟钟绮同客台江作此，时辛丑小春月"。钤"钟绮之印"白文印。此画绘一侧悬崖峭壁，草木葱茏，江面开阔，一叶孤舟顺风而行，形成鲜明对比，更增添清幽宁静之感。

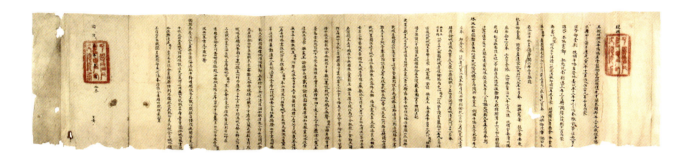

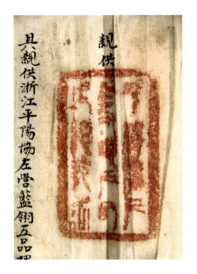

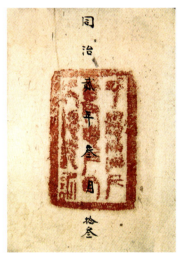

123. 清同治二年平阳协左营朱镇邦亲供状

清代

纵 24.3、横 108.3 厘米

朱镇邦书，纸本，楷书。内容为朱镇邦亲书履历。

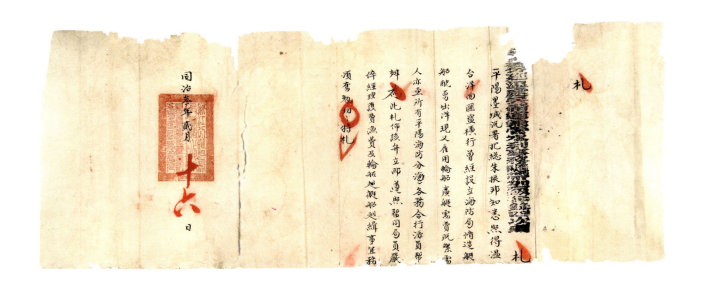

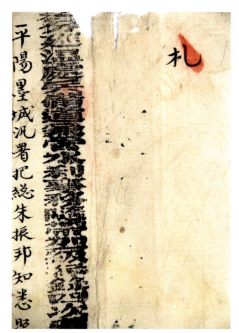

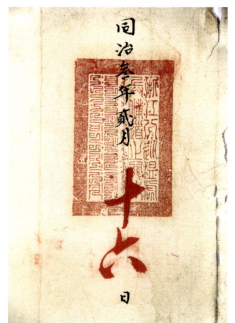

124. 清同治三年平阳墨城汛署把总朱振邦朱批札

清代

纵 26、横 64.8 厘米

纸本，楷书。

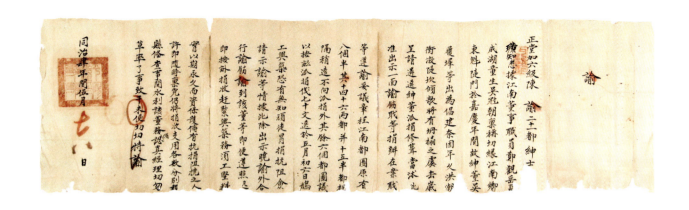

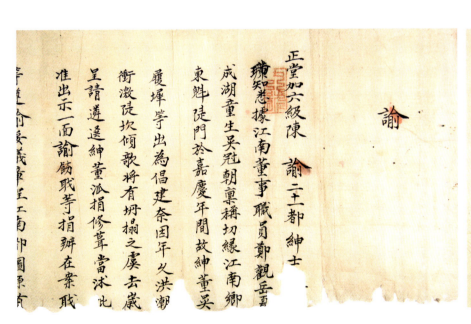

125. 清同治四年平阳县陈知县修筑东魁埭门朱批谕

清代

纵 24、横 81.2 厘米

纸本，楷书。

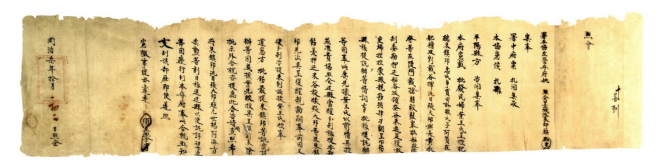

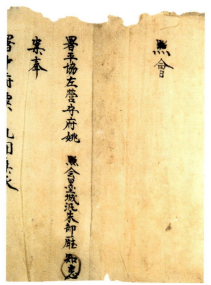

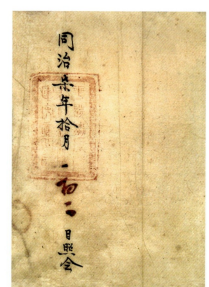

126. 清同治七年平协左营守府姚某照会

清代

纵 24、横 103.3 厘米

纸本，楷书。

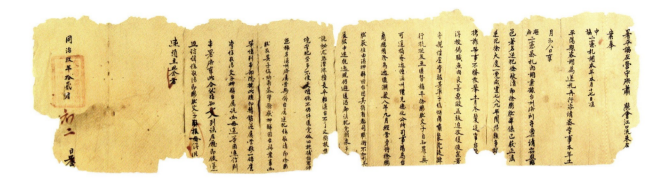

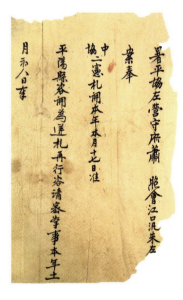
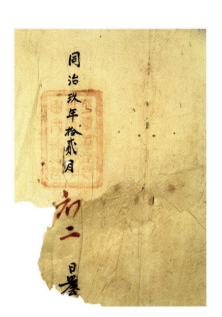

127.清同治九年平协左营守府萧某照会

清代

纵 23、横 88 厘米

纸本，楷书。

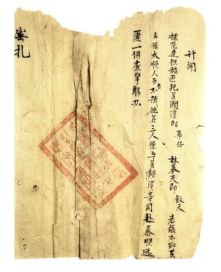
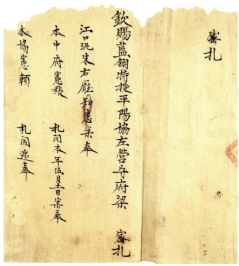
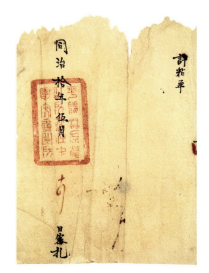

128. 清同治十年平阳协左营守府梁某密扎

清代

纵 22.5、横 126.4 厘米

纸本，楷书。

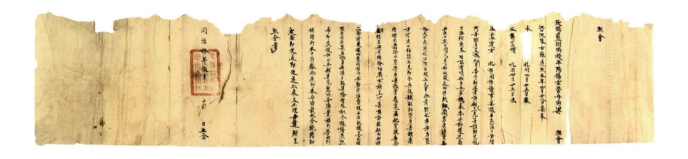

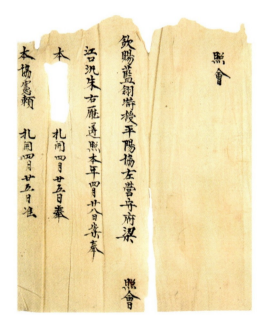

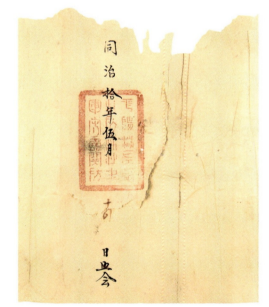

129. 清同治十年平阳协左营守府梁某照会

清代

纵 23、横 102.8 厘米

纸本，楷书。